22 JANV. 1863

CATALOGUE

DES

LIVRES

D'ARCHITECTURE & SUR LES ARTS

Ouvrages de Littérature et d'Histoire

ESTAMPES, DESSINS & TABLEAUX

COMPOSANT LA BIBLIOTHÈQUE ET LE CABINET

De feu M. Auguste CARISTIE

ARCHITECTE, MEMBRE DE L'INSTITUT,

OFFICIER DE LA LÉGION-D'HONNEUR, VICE-PRÉSIDENT DU CONSEIL DES BATIMENTS CIVILS,

MEMBRE DU CONSEIL MUNICIPAL DE LA VILLE DE PARIS

dont la vente aura lieu en son domicile

RUE DU BAC

PASSAGE SAINTE-MARIE, N° 2

Les Jeudi 22, Vendredi 23 et Samedi 24 Janvier 1863, à midi.

Par le ministère de M° **ESCRIBE**, Commissaire-Priseur,
rue Saint-Honoré, 217,

Assisté, pour les Livres, de M. Aug. **AUBRY**, Libraire, rue Dauphine, 16,

Et pour les Tableaux, Estampes et Dessins, de M. **CLEMENT**,
Marchand d'Estampes, rue des Saints-Pères, 3.

PARIS — 1863

ORDRE DE LA VENTE

PREMIÈRE VACATION (*Jeudi 22*).....	1 à 27 49 à 139
DEUXIÈME VACATION (*Vendredi 23*)..	28 à 48 140 à 213
TROISIÈME VACATION (*Samedi 24*)...	214 à la fin.

NOTA. — LES LIVRES NON CATALOGUÉS compris sous le numéro 48 seront vendus au commencement de la deuxième Vacation.

CONDITIONS DE LA VENTE

La Vente aura lieu au comptant à la charge par les adjudicataires de payer CINQ pour CENT en sus des adjudications.

Les Livres seront vendus sans garantie et ne pourront être rendus pour aucune cause.

DÉSIGNATION

DES LIVRES

LITTÉRATURE, HISTOIRE, ETC.

1. **Année chrétienne** (L'). *Paris, Josset,* 1710 ; 13 vol. in-12, v. br.

2. **Anquetil.** Précis de l'Histoire universelle. *Paris,* 1821 ; 12 vol. — Histoire de France, *Paris,* 1822 ; 15 vol. Ensemble 27 vol. in-18, rel. et cart.

3. **Arioste** (L'). Orlando furioso. *Venetia,* 1612 ; in-4, d.-rel. parch. *Figures en bois.*

4. **Artaud de Montor.** Histoire du pape Léon XII. *Paris,* 1843. — Histoire du pape Pie VII. 1842 ; 2 vol. — La Papauté et les émeutes romaines. *Paris,* 1849. Ens. 5 vol. in-8, d.-rel. v. viol.

5. **Barthélemy** (J.-J.). OEuvres complètes. *Paris, Belin,* 1821 ; 4 vol. in-8 et *Atlas* in-4, d.-rel. v.

6. **Bernardin de Saint-Pierre.** Paul et Virginie. *Paris, Curmer,* 1838 ; gr. in-8 cart., non rog. *Figures sur papier de Chine.*

7. **Bibliothèque dramatique**, ou Répertoire universel du Théâtre français. *Paris, Dabo,* 1824 ; 22 vol. in-8 cart. et br.

8. **Boileau-Despréaux.** OEuvres complètes, avec Notice, par Daunou. *Paris, Baudouin,* 1828 ; 3 vol. in-8, cart. à la Bradel. *Portrait.*

9. **British Museum.** A description of the collection of ancient terracottas in the British Museum; with engravings. *London*, 1810; in-4, d.-rel. *Figures.*

10. **Buret de Lonchamps.** Les Fastes universels, ou Tableaux historiques, chronolog. et géographiques. *Paris*, 1812; in-fol. oblong, cart.

11. **Cervantes.** Histoire de Don Quichotte de la Manche, trad. par Filleau de Saint-Martin. *Paris*, 1827; 6 vol. in-8, br.

12. **Corneille** (P. et Th.). Chefs-d'œuvre. *Paris, Sautelet*, 1825; 4 vol. in-8, cart. à la Bradel.

13. **Dezobry** (Ch.). Rome au siècle d'Auguste, ou Voyage d'un Gaulois à Rome. *Paris*, 1835; 4 vol. in-8, d.-rel.

14. **Dictionnaire** de l'Académie française. 6e édition. *Paris*, 1835; 2 vol. in-4 bas.

15. **Dumont d'Urville.** Voyage pittoresque autour du Monde. *Paris*, 1834; 2 vol. in-4, d.-rel. *Figures.*

16. **Évangiles** (Les), selon S. Mathieu. S. Marc, S. Luc, S. Jean, traduits de la Vulgate par Le Maistre de Sacy, publ. par l'abbé Tresvaux. *Paris*, 4 vol. in-8, d.-rel., *texte encadré.*

17. **Exposition de 1855.** Rapports du Jury international, publ. sous la direction de S. A. I. le prince Napoléon. *Paris, Impr. imp.*, 1856; 2 vol. in-4, cart. en percal., dor. sur tr.

18. **Exposition universelle.** Rapport sur l'Exposition universelle de 1855, présenté à l'Empereur par le prince Napoléon. *Paris, I. I.*; 1857; in-4, d.-rel. m. v. tr. dor. *Plans.*

19. **Florian.** Œuvres complètes et posthumes. *Paris, Ladrange*, 1829; 16 vol. in-12, br. *Papier vélin. Figures.*

20. **Gessner** (Salomon). OEuvres. *Paris, Renouard*, 1795; 4 vol. in-18, d.-rel. *Portrait.*

> Bel exemplaire tiré sur grand papier vergé et orné des jolies vigures de Moreau le jeune.

21. **Girault de Saint-Fargeau**. Dictionnaire géographique, historique, industriel et commercial de toutes les communes de France. *Paris*, 1851 ; 3 vol. in-4, d.-rel. mar. *Illustré de gravures, de costumes coloriés. Plans et armes des villes, etc.*

22. **Guide** pittoresque du voyageur en France. *Paris ;* 6 vol. in-8, en livraisons.

23. **Imitation** de Jésus-Christ, trad. de l'abbé Dassance. *Paris, Curmer*, 1835 ; gr. in-8 cart. *Figures.*

24. **Institut de France**. Recueil des discours, rapports et pièces diverses. 1803-59 ; 8 vol. in-4, br. — Mémoires présentés par divers savants. 5 vol. in-4, br. — Table générale des discours (années 1835-50). In-4. Ensemble 14 vol.

25. **Kastner** (G.). La harpe d'Eole et la Musique cosmique. *Paris*, 1856 ; in-4 br. *Planches et musique.*

26. **Kastner** (G.). Manuel général de musique militaire à l'usage des armées françaises. *Paris*, 1848 ; in-4 br. *Planches.*

27. **Kastner** (G.). Les chants de l'armée française, etc. *Paris*, 1855 ; in-4 br. *Musique notée.*

28. **La Fontaine**. Fables composées et dessinées par Seurre ainé, statuaire, lithogr. par Victor Adam. *Paris, Bance*, 1849 ; 12 livr. in-fol. obl.

29. **La Fontaine** (J. de). OEuvres complètes. *Paris, Dupont*, 1826 ; 6 vol. in-8, cart. à la Bradel. *Portrait.*

30. **Lamartine**. Cours familier de littérature. *Paris*, 1856-62 ; 79 livr. in-8 br.

— 6 —

31. **Landais** (N.). Dictionnaire général et grammatical des dictionnaires français. *Paris*, 1841 ; 2 vol. gr. in-4, d.-rel.

32. **Lebas**. France. Annales historiques. *Paris, Didot*, 1840 ; 12 vol. in-8, cart. *Cartes et figures.*
De la collection de l'*Univers pittoresque.*

33. **Magasin pittoresque** (Collection du). En livraisons et br.

34. **Marc-Aurèle**, ou Histoire philosophique de l'empereur Marc-Antonin, publ. par Ripault. *Paris*, 1820 ; 5 vol. in-8, cart. à la Bradel.

35. **Molière.** OEuvres complètes, avec une Notice par Picard. *Paris, Baudouin*, 1825 ; 6 vol. in-8, cart. à la Bradel. *Portrait.*

36. **Montesquieu.** OEuvres. *Paris, Dalibon*, 1827 ; 8 vol. in-8, cart. à la Bradel.

37. **Norvins**. Histoire de Napoléon. *Paris, Dupont*, 1827 ; 4 vol. in-8, cart. à la Bradel. *Figures et cartes.*

38. **Poliphile.** Discours du songe de Poliphile, déduisant comme amour le combat à l'occasion de Polia. *Paris, J. Kerver*, 1546 ; in-fol. v. br. *Figures.*

39. **Racine** (J.). OEuvres complètes. *Paris, Baudouin*, 1827 ; 5 vol. in-8, cart. à la Bradel. *Portrait.*

40. **Sainte Bible** (La), en latin et en français, avec notes, par Le Maistre de Sacy. *Paris, Desprez*, 1742 ; 23 vol. in-12, v. gr.

41. **Sévigné.** Lettres de Mme de Sévigné, de sa famille et de ses amis. *Paris, Blaise*, 1818 ; 10 vol. in-8, cart. à la Bradel, n. rog. *Portr. et figures.*

42. **Société d'encouragement** (Bulletins de la).

43. **Springer** (A.). Paris au XIIIe siècle, trad. de l'allemand, avec introd. et notes par un membre de l'édilité de Paris (Victor Foucher). *Paris, A. Aubry,* 1860; in-12, cart. à l'anglaise. *Papier vergé. (Titre* en rouge et noir.)

44. **Univers pittoresque.** 50 volumes in-8, cartonnés.

Europe, Asie, Afrique, Amérique et Océanie.

45. **Vie de Jésus-Christ** (La) et des Apôtres, par M. Genoude. *Paris,* 1851 ; 2 vol. in-8, d.-rel. *Figures sur Chine.*

46. **Vies des Saints**, ou abrégé de l'Histoire des Pères, des Martyrs et autres Saints, pour tous les jours de l'année. *Paris, Blaise,* 1825 ; 2 vol. in-4, cart. *Figures.*

47. **Volney** (C.-F.) OEuvres. *Paris,* 1826 ; 8 vol. in-8 cart. à la Bradel.

-----

48. **Environ 400 volumes** et brochures seront vendus en lots au commencement de la 2e vacation.

ARCHITECTURE, BEAUX-ARTS, OUVRAGES A FIGURES, D'ARCHÉOLOGIE, ETC.

49. **Albert** (Léon-Baptiste). Architecture et art de bien bâtir. *Paris, J. Kerver,* 1553 ; in-fol., d.-rel. *Figures en bois.*

50. **Alberti** (L.-B.). Architettura, trad. in lingua fiorentina da C. Bartoli. *Venetia,* 1565 ; in-4, d.-rel. vél. *Figures gravées en bois.*

51. **Allais, Détournelle et Vaudoyer**. Grands prix d'architecture. *Paris,* 1806; in-fol. cart. *Planches.*

52. **Ancora** (M.-C. d'). Guide du voyageur pour les antiquités et curiosités naturelles de Pouzzoles et des environs. *Naples,* 1792; in-8, d.-rel. v. *Titre gravé et planches à l'eau forte.*

53. **Archives de la Commission des Monuments historiques**, publiées par ordre de S. E. M. A. Fould. *Paris,* 1855-62; 72 livraisons in-fol. de planches gravées.

54. **Baltard**. Architectonographie des prisons. *Paris,* 1829; in-fol., cart.

55. **Baltard** (Victor). Villa Médicis à Rome. *Paris,* 1847; gr. in-fol., texte et planches en livr.

56. **Batissier**. Histoire de l'art monumental. *Paris, Furne,* 1845; gr. in-8 en livr. *Figures.*

57. **Bellorius**. Veteres arcus Augustorum Triumphis insignes et reliquis quae Romae adhuc supersunt. *Romae,* 1690; in-fol., d.-rel. parch. *Planches.*

58. **Bessat et Thierry**. Plans des hôpitaux et hospices civils de la ville de Paris. *Paris,* 1820; in-4, d.-rel.

59. **Beulé** (E.). Études sur le Péloponèse. *Paris, Didot frères,* 1855; in-8, br.

60. **Beulé** (E.). L'Acropole d'Athènes. *Paris, Didot frères,* 1853-54; 2 vol. in-8, br. *Planches.*
Envoi d'auteur.

61. **Beulé**. Fouilles à Carthage. *Paris, Impr. imp.,* 1861; in-4, cart.

62. **Bianconi et Fea**. Descrizione dei circhi particolamente di quello di Caracalla, etc. *Roma,* 1789; in-fol., cart. *Planches.*

63. **Biet** et **Normand**. Souvenirs du Musée des monuments français. *Paris, Didot,* 1821 ; in-fol. cart. *Planches au trait.*

64. **Blanc** (Charles). Histoire des peintres de toutes les écoles, depuis la Renaissance jusqu'à nos jours. *Paris, Renouard,* in-4, en 367 livr. *Planches.*

65. **Blondel**. Cours d'architecture, enseigné dans l'Académie royale d'architecture. *Paris,* 1675 ; in-fol., v. br. *Planches.*

66. **Blondel**. Cours d'architecture. *Paris, Desaint,* 1771 ; 9 vol. in-8, v. mar. *Figures.*

67. **Boucher - Desnoyers** (le baron). Appendice à l'ouvrage intitulé : Hist. de la vie et des ouvrages de Raphaël, par Quatremère de Quincy. *Paris,* 1852 ; in-4, cart. *Planches.*

68. **Bouchet** (J.). Le Laurentin, maison de campagne de Pline le consul. *Paris, l'Auteur,* 1852 ; in-4, en livraisons.

69. **Bouchet** (J.). Compositions antiques. *Paris, l'auteur,* in-4 obl., en livraisons.

70. **Bouchet** (J.). La villa Pia des jardins du Vatican, architecture de Pirro Ligorio, publ. par Bouchet, avec texte par Raoul Rochette. *Paris,* 1837 ; in-fol., cart. *Planches par Hibon.*

71. **Bouillon**. Musée des antiques, dessiné et gravé par P. Bouillon, peintre, avec des notices explicatives, par J.-B. de Saint-Victor. *Paris, Didot l'aîné,* 3 vol. gr. in-fol., d.-rel., mar. rouge, n. rog. *Figures.*
Exemplaire papier vélin.

72. **Brongniart**. Plans du palais de la Bourse de Paris et du cimetière Mont-Louis, en *six planches* in-fol., cart.

73. **Bruyère**. Études relatives à l'art des constructions. *Paris, Bance,* 1823 ; 12 part. in-fol., cart. *Planches.*

74. **Bullant**. Reigle généralle d'architecture. *Paris, Hiérosme de Marnef,* 1568 ; in-fol., cart. *Planches.*

75. **Canina** (Luigi). Exposizione topographica di Roma Antica. *Roma*, 1842; in-fol., en feuilles.

> Très beau plan de Rome, bien gravé.

76. **Caristie** (Aug.). Notice sur l'état actuel de l'arc d'Orange et des théâtres antiques d'Orange et d'Arles. 1839; in-4, d.-rel. *9 planches.*

77. **Caristie.** Plan et coupe d'une partie du Forum romain et des monuments sur la voie sacrée, indiquant les fouilles qui ont été faites dans cette partie de Rome depuis l'an 1809 jusqu'en 1819. *Paris, imprimerie Didot l'aîné*, 1821; gr. in-fol., d.-rel.

> Exemplaire sur papier vélin.

78. **Caristie.** Le même, sur papier de Hollande.

79. **Caristie** (Aug.). Monuments antiques à Orange. Arcs de triomphe et théâtres *Paris, Didot*, 1856; gr. in-fol., d.-rel. mar. v. *Planches tirées sur Chine.*

80. **Caristie** (Aug.). Monuments antiques à Orange. Arc de triomphe et théâtre; publiés sous les auspices de S. E. M. le Ministre d'État. *Paris, Didot*, 1856; 2 part. gr. in-fol., d.-rel. maroq. vert. *Planches.*

81. **Caristie** (Aug.) Rapport à M. le Ministre de l'intérieur sur l'état actuel de l'arc d'Orange et des théâtres antiques d'Orange et d'Arles. In-fol. cart. 10 planches dessinées par M. Caristie et signées.

82. **Caristie** (Aug.). Monument de Quiberon, commencé en 1821 et achevé en 1829.

> Texte manuscrit avec un joli dessin de M. Caristie (vue intérieure de la chapelle et six planches coloriées à la main).

83. **Caristie** (Aug.). Études sur les théâtres antiques. In-fol., d.-rel.

> Recueil factice de texte; planches dessinées et gravées.

84. **Caristie** (Aug.). Antiquités de l'Attique. Gr. in-fol., d.-rel.

> Manuscrit avec un grand nombre de calques.

85. **Chaillou Des Barres.** Les Châteaux d'Ancy-le-Franc, de Saint-Fargeau, de Chastellux et de Tanlay. *Paris*, 1845; in-4 br. *Planches*

86. **Chambray**. Parallèle de l'architecture antique avec la moderne. *Paris*, 1650; in-fol. v. br. *Planches*.

87. **Chenavard**. Six Vues et détails dessinés à Athènes en 1843. *Lyon, imprimerie de L. Perrin*, 1857; in-fol. cart.

88. **Chenavard**. Lyon antique restauré. *Lyon, Boitel*, 1850; in fol, cart. *Planches*.

89. **Chenavard**. Tombeaux d'après les dessins de A.-M. Chenavard, professeur à l'École des Beaux-Arts de Lyon. *Lyon, Boitel*, 1850; in-fol. cart.

90. **Chenavard**. Voyage en Grèce et dans le Levant, fait en 1853 et 1854. *Lyon, imprimerie de L. Perrin*, 1858; in-fol. cart. *Planches*.

91. **Chenavard**. Recueil de compositions. *Lyon*, 1860; 2 part. en 1 vol. in-fol. cart. *Planches*.

92. **Chenavard**. Vues d'Italie, de Sicile et d'Istrie. *Lyon, L. Perrin*, 1861; in-4 oblong, d.-rel. *Planches*.

93. **Chenavard**. Compositions historiques. *Lyon, L Perrin*, 1862; in-4 obl. cart. *Planches au trait*.

94. **Clarac** (le comte de). Musée de sculpture antique et moderne, continué par M. Alfred Maury. *Paris*, 1825-53, 6 vol. de texte en livr. et 17 livr. de planches, br.

95. **Clarac** (le comte de). Manuel de l'histoire de l'art chez les Anciens. *Paris*, 1847-49; 3 vol. in-12, br.

96. **Clérisseau**. Antiquités de la France. *Paris*, 1778 (première partie); gr. in-fol. d.-rel. *Planches*.
   Volume contenant les antiquités de Nîmes.

97. **Clochard** (P.). Palais, maisons et vues d'Italie mesurés et dessinés par Clochard. *Paris*, 1819; in-fol., d.-rel. mar. r. *Planches au trait*.

98. **Cockerell**. The Temple of Jupiter Olympius at Agrigentum, commonly called the temple of the giants. 1830: in fol. cart. *Planches*.

98 bis. **Costaguti** (G.-B.). Architettura della basilica di S. Pietro in Vaticano. *Roma,* 1684; in-fol , d.-rel. parch. *Planches.*

99. **Coupin.** OEuvres posthumes de Girodet-Trioson, peintre d'histoire. *Paris, J. Renouard,* 1829; 2 vol. gr. in-8, pap. vélin. *Figures.*

100. **Du Cerceau** (*J. Androuet*). Le premier et le second volume des plus excellents bastiments de France. *Paris,* 1576-79; in-fol. d.-rel. mar. r. 124 *planches.*

Exemplaire bien conservé de ce rare ouvrage, justement estimé.

101. **Du Perac.** Vues de Rome ancienne. *Rome,* 1621; in-fol., d.-rel.

102. **Durand.** Précis des leçons d'architecture. *Paris,* 1802-21; 3 vol. in-4, d.-rel. *Planches.*

103. **Durand.** Recueil et parallèle des édifices de tout genre, anciens et modernes. *Paris, an IX,* gr. in-fol. obl. v.

104. **Dufour** et **Duvotenay.** Atlas de géographie ancienne et moderne. *Paris,* 1840; in-fol. cart.

105. **Delagardette.** Les Ruines de Paestum, ou Posidonia. *Paris, Barbou,* an VII; in-fol. cart. *Planches.*

106. **Delannoy.** Souvenirs de la vie et des ouvrages de F.-J. Delannoy, architecte. *Paris,* 1839; in-4 cart. *Planches.*

107. **De L'Espine.** Marché des Blancs-Manteaux. *Paris,* 1827; in-fol. cart. *Planches.*

108. **Desgodetz** (Ant.). Les Édifices antiques de Rome, dessinés et mesurés très-exactement par Antoine Desgodetz, architecte. *Paris, Coignard,* 1682; in-fol., d.-rel. *Planches.*

109. **Detournelle.** Recueil d'architecture nouvelle. *Paris, an XIII;* gr. in-4, d.-rel. *Planches.*

110. **Falda.** Les fontaines et places publiques de Rome. In-4 obl., d.-rel. parchemin.

Très-beau d'épreuves.

111. **Fergusson** (J.). The illustrated handbook of architecture. *London*, 1855; 2 vol. in-8 cart. en percal. *Figures dans le texte.*

112. **Fontaine**. Notices sur les palais et châteaux royaux. In-4, d.-rel. v. rose. (*Capé.*)

113. **Gault de Saint-Germain**. Vie de N. Poussin, considéré comme chef de l'École française. *Paris*, 1806; gr. in-8 cart., n. rog. *Portrait et figures.*

114. **Gauthier**. Les plus beaux édifices de la ville de Gênes et de ses environs. *Paris*, 1818-1832; 2 vol. in-fol. cart. *Planches.*

115. **Gourlier, Biet, Grillon** et **Tardieu**. Choix d'édifices publics projetés ou construits en France depuis le commencement du xixᵉ siècle. *Paris, L. Colas*, 1825-36; 3 vol, in-fol., d.-rel. veau. *Planches,*

116. **Grangent** et **Durand**. Monuments antiques du midi de la France (Gard). *Paris*, 1819; in-fol., d.-rel. *Planches.*

117. **Grandjean** et **Famin**. Architecture toscane. *Paris, Didot l'aîné*, 1815; in-fol., d.-rel. *Planches.*

118. **Guasco** (l'abbé). De l'usage des statues chez les anciens. *Brux.*, 1758; in-4, v. marb. *Planches.*

119. **Hôtel de ville de Paris**. Fêtes et cérémonies à l'occasion de la naissance et du baptême de S. A. le Prince impérial. *Paris, De Mourgues, imprimeur*, 1860; in-fol., d.-rel. 12 *planches photographiées.*

120. **Houssaye** (A.). Histoire de la peinture flamande et hollandaise. *Paris*, 1848; 2 vol. in-8, d.-rel. m. r., tête dor., n. rog.

121. **Joly** (Jules de). Plans, coupes, élévations et détails de la restauration de la Chambre des Députés. *Paris*, 1840, in-fol , gr. aigle en livr. *Planches.*

122. **Laborde** (Le comte Alex. de). Les monuments de la France classés chronologiquement et considérés sous le rapport des faits historiques et de l'étude des arts. *Paris, imp. de Didot, l'aîné*, 1816, gr. in-fol., d.-rel. (Tome 1ᵉʳ.) *Planches.*

123. **Laborde** (Léon de). Travaux de la Commission française sur l'industrie des nations, publiés par ordre de l'Empereur. (Exposition universelle de 1855.) *Paris, I. I.*, 1856, 1 t. en 2 vol. in-8, d.-rel., mar.
> Section des Beaux-Arts.

124. **Le Muet** (P.). Manière de bien bastir, pour toutes sortes de personnes. *Paris, Jollain*, 1681, in fol., v. br. *Planches.*

125. **Marot** (Jean). Le magnifique chasteau de Richelieu, en général et en particulier. In-4, obl. *Planches.*

126. **Mallay**. Essai sur les églises romaines, et romano-bizantines du dép. du Puy-de-Dôme. *Moulins, Desrosiers*, 1838, in-fol., d.-rel. *Planches.*

127. **Mazois**. Le palais de Scaurus, ou Description d'une maison romaine. *Paris, Didot*, 1822, iu-8, d.-rel., v. *Planches.*
> Exemplaire tiré sur grand papier in-4 vélin.

128. **Mazois**. Les ruines de Pompéï. *Paris, Didot*, 1824, 4 vol. gr. in-fol., d.-rel.

129. **Mérimée** (P.). Notes d'un voyage dans le midi de la France et en Auvergne. *Paris*, 1835-8, 2 vol. in-8, cart. à la Bradel.

130. **Merle et Périé**. Description hist. et pitt. du château de Chambord. *Paris, Didot, l'ainé*, 1821, in-fol., cart. *Papier vélin. Planches lithographiées.*

131. **Michalon**. Vues d'Italie et de Sicile, dessinées d'ap. nature. *Paris*, 1827, in-fol., d.-rel. (Texte et planches).

132. **Michel Chevalier**. Histoire et description des voies de communication aux États-Unis et des travaux d'art qui en dépendent, *Paris*, 1840, 2 t. en 3 part., in-4, et atlas in-fol.

133. **Millin** (A. L.). Voyage dans les départements du midi de la France *Paris, I. I.*, 1807, 4 vol. in 8, et *atlas* in-4, d.-rel.

134. **Monge**. Géométrie descriptive, 4ᵉ édition. *Paris*, 1820, in-4, d.-rel. *Planches.*

185. **Morisot**. Tableaux détaillés des prix de tous les ouvrages de bâtiment. *Paris*, 1814-24, 7 vol. in-8, d.-rel.

136. **Nardi**. Descrizione antiquario - architettonica, con
rami dell' arco di Augusto Ponte di Téberio. E tempio
malatestiano di Rimino. *Rimino*. 1813, in-fol., cart.
Planches.

137. **Nardini** (F.). Roma anticæ. Ed. quartu romana con
note ed osservazioni critico di Ant. Nibby. *Roma*, 1818,
4 vol., in-8, d.-rel., n. rog., parch. *Planches*.

138. **Nibby** (A.). Del foro romano della via sacra dell an-
fiteatro Flavio. *Roma*, 1819, in-8, d.-rel., vél. *Planches*.

139. **Nivernais** (le). Album historique et pittoresque, pu-
blié par MM. Morellet, Barat, et Bussiére. *Nevers*, 1838,
2 vol. in-4 en livr. *Nombr. planches lithogr.*

140. **Nolli**. L'Arc de Trajan, 1770, in-fol. cart.

141. **Normand, fils**. Arc de Triomphe des Tuileries érigé
en 1806. *Paris*, in-fol. oblong. *Planches*.

142. **Normand, fils**. Monuments funéraires choisis dans
les cimetières de Paris. *Paris*, 1832, in-fol. carton.
Planches.

443. **Normand** (Ch.). Nouveau parallèle des ordres d'architecture des Grecs, des Romains et des auteurs modernes. *Paris, Didot*, 1819, in-fol., cart.

141. **Onuphrii Panvinii** de ludis circensibus libri II de
Triumphis, liber 1 quibus universa fere romanorum
veterum sacra ritusq declar. cum notis J. Argoli. *Pa-
tavii*, 1681. in-fol., vél. *Planches*.

145. **Orsel** (Victor). Son œuvre. *Paris*, 1858, en livraisons.
Planches gravées; texte imprimé par L. Perrin.

146 **Ouvrages divers**. 40 vol. en langue italienne, de
divers formats, rel., cart. et br.

Guides en Italie, opuscules sur l'architecture, les antiquités et
les beaux-arts.

Ce lot pourra être divisé.

147. **Palais de Justice**. (Documents relatifs aux travaux du) et à la reconstruction de la Préfecture de Police. *Paris*, 1858, in-4 de texte, br., et gr. in-fol. de planches.

148. **Palladio** (Architecture de André). In-fol., d.-rel. *Planches*.

149. **Palladio**. Quattro libri dell' architettura di A Palladio. *Venetia*, 1570, in-fol., d.-rel. *Planches*.

150. **Palladio** (Le fabriche e i disegni di Andrea). *Vicenza*, 1796, 2 t. en 1 vol., in-4, d.-rel., parch.

151. **Paris**. Carte hydrologique et géologique, sur toile, dans un étui.

152. **Paris**. Cartes des eaux et des égouts, bois de Boulogne, etc.; collées sur toile, dans un étui.

153. **Paris**. Plan des nouveaux arrondissements, sur toile, dans un étui.

154. **Percier et Fontaine**. Palais, maisons et autres édifices modernes dessinés à Rome, *Paris*, 1798, in-fol., d.-rel., m. r. *Planches*.

155. **Percier et Fontaine**. Recueil de décorations intérieures. *Paris*. Didot, 1812, in-fol., d.-rel. *Planches*.

156. **Percier et Fontaine**. Choix des plus célèbres maisons de plaisance de Rome et de ses environs. *Paris*. Didot, *l'aîné*, 1809, gr. in-fol., d.-rel., mar. rouge. *Planches*.

157. **Percier et Fontaine**. Résidences de souverains. *Paris*, 1833, in-4, et 1 vol. gr. in-fol. de *planches*, d.-rel., v. rose. (*Capé*).

158. **Perrault**. Ordonnance des cinq espèces de colonnes selon la méthode des anciens. *Paris, Coignard*, 1683, in-fol., v. br. *Planches*.

Envoi autographe de l'auteur à Mlle DE LANOTTE.

159. **Perelle**. Vues des belles maisons de France et d'Italie, 2 vol. in-4, d.-rel.

Belles épreuves.

160. **Peyre**. OEuvres d'architecture. *Paris. Didot*, 1818, in-fol., cart. *Planches.*

161. **Peyre**: OEuvres d'architecture. *Paris*, 1795 ; in-fol., cart. Pl. (*Supplément*).

162. **Philibert de L'orme** (œuvres de). *Rouen*, 1648 ; in-fol., d.-rel. v. v. *Planche gravée en bois.*

163. **Pingeron**. Vies des architectes anciens et modernes qui se sont rendus célèbres chez les différentes nations *Paris*, 1771 ; 2 vol. in-12 cart.

164. **Piranesi**. Sciographia quatuor templorum veterum. *Roma*, 1780 ; in-fol. cart.

165. **Piroli**. Antiquités d'Herculanum, gravées par Piroli, et publiées par Piranési. *Paris*, 1804 ; 6 vol. in-4. d.-rel. bas. *Planches.*

166. **Pise** (Joseph de la). Tableau de l'histoire des princes et principautés d'Orange. *La Haye*, 1639, in-fol., d.-rel. *Planches.*

167. **Poussin** (Collection de lettres de N.). *Paris, Didot*, 1824 ; in-8. cart.

168. **Pozzuoli** (Antichita di). Puteolanae antiquitates In-fol., d.-rel. *Planches gravées.*

169. **Quatremère de Quincy**. Histoire de la vie et des ouvrages des plus célèbres architectes. *Paris*, 1830 ; 2 vol. gr. in-8, cart. *Figures.*

170. **Quatremère de Quincy**. Dictionnaire d'architecture. *Paris*, 1788 ; 3 vol. in-4., d.-rel. (Encyclopédie méthodique).

171. **Quatremère de Quincy**. Histoire de la vie et des ouvrages de Michel-Ange Bonarroti. *Paris*, 1835 ; in-8 cart., n. rog. *Portrait sur chine.*

172. **Quatremère de Quincy**. Recueil de notices historiques. *Paris*, 1834 ; 2 vol. gr. in-8, cart. à la Bradel, n. rog.

173. **Raphaël**. Histoire de la vie et des ouvrages de Raphaël, par Quatremère de Quincy. *Paris*, 1824 ; in-8 cart. *Pap. vergé. Portrait.*

174. **Raymond**. Projet d'un arc de triomphe. *Paris, Didot,* 1812; in-fol cart. *Planches.*

175. **Réveil**. Galerie des arts et de l'histoire. *Paris,* 1836; 8 vol. in-12, cart. à la Bradel. *Figures au trait.*

176. **Reveil**. Musée religieux *Paris,* 1836; 4 vol in-12, d.-rel. *Figures au trait.*

177. **Romanis** (*Ant. de*). Le antiche camere esquiline dette comunemente delle termedi Tito. *Roma,* 1822; in-fol cart. *Planches.*

178. **Rome antique** (plan de). 1 vol. in-fol., d.-rel. Parch.

179. **Rome**. Fragmenta vestigii veteris Romæ. *Romæ,* 1673; in-fol rel. *Planches,*

180. **Rondelet** (J.). Mémoire historique sur le dôme du Panthéon français. *Paris,* 1797; in-4 cart. n. rog. *Planches.*

181. **Rondelet** et **Blouet**. Traité théorique et pratique sur l'art de bâtir. *Paris,* 1812-47; 8 t. en 6 vol. in-4, plus 2 atlas in-4 obl., et l'atlas in-fol., pour le supplément de Blouet.

182. **Rondelet**. Essai historique sur le pont de Rialto. *Paris,* 1837; in-4 cart. *Planches.*

183. **Rossi**. Vues d.s principaux monuments de Rome. *Rome,* 1665; in-4 obl., d.-rel.

184. **Rubeis**. L'ancienne Rome. In-4 obl. 138 *planches.*

185. **Rusconi** (*G. Ant.*). Della architettura di G. A. Rusconi, con *cen.osessanta figure* dissegnate dal medesimo. *Venetia,* 1590; in-fol cart. *Figures en bois.*

186. **Scamozzi** (V.). Œuvres d'architecture, trad. par Samuel Du Ry. *Leide,* 1713; in fol., d.-rel. *Planches.*

187. **Schuelt**. Recueil d'architecture, dessiné et mesuré en Italie, dans les années 1791, 1792, 1793. *Paris,* 1821; gr. in-fol. 72 *planches.*

188. **Serlio** (S.). Architettura (en 7 livres). *Venetia,* 1600; in-4, vélin. *Figures gravées en bois.*

189. **Stella**. L'entrée de l'empereur Sigismond à Mantoue *Paris*, 1675 ; in-4 obl. *Planches.*

190. **Stuart et Revelt**. Antiquités d'Athènes, publ. par Landon. *Paris, Didot*, 1808-22 ; 4 vol. in-fol., cart. à la Bradel. *Planches.*

191. **Suys et Haudebourt**. Palais Massimi à Rome. *Paris*, 1818 ; in-fol. cart., n. rog. *Planches.*

192. **Thibault**. Application de la perspective linéaire aux arts du dessin. *Paris*, 1827 ; 2 vol. in-4, d -rel. Texte et *planches.*

193. **Thierry**. Arc de triomphe de l'Étoile. *Paris*, 1843 ; 6 livr. in-fol. gr. aigle. *Planches.*

194. **Torre** (Carlo). Il Ritrato de Milano. *Milano, Agnelli*, 1674 ; in-4, cart. *Planches.*

195. **Turpin de Crissé**. Souvenirs du golfe de Naples. *Paris*, 1828 ; 10 livr. in-fol.
Exemplaire sur papier vélin, lettres au trait.

196. **Turpin de Crissé**. Souvenirs du vieux Paris. *Paris, Duverger*, 1835 ; in-fol. en portef. *Figures sur chine.*

197. **Uggeri**. Journées pittoresques des édifices de Rome ancienne. *Rome*, 1800 ; 4 vol. in-4 obl. *Planches.*

198. **Vasari** (G.). Le vite de piu eccellenti pittori, scultori et architettori. *Fiorenza*, 1568 ; 3 vol. in-4, vélin. *Portraits gravés en bois.*

199. **Vaudoyer**. Théâtre de Marcellus à Rome. 1812 ; in-4, d -rel. *Planches.*

200. **Vaudoyer et Baltard**. Grands prix d'architecture. *Paris*, 1818 ; in-fol., cart. *Planches.*

201. **Verdier et Cattois**. Architecture civile et domestique au moyen-âge et à la Renaissance. *Paris, Didron*, 1855 ; 2 vol. in-4 br. *Planches.*

202. **Villot** (F.). Notice des tableaux exposés dans les galeries du musée du Louvre. *Paris*, 1849 ; 3 vol. in-8, gr. papier, br.

203. **Vinchon** (Aug.). Peintures à fre que exécutées à Saint-Sulpice, dans la chapelle Saint-Maurice. *Paris,* 1823; in fol., cart. *Planches lithogr.*

204. **Viola** (G.). Della architettura libri II. *Padua,* 1629; in-4, v. mar , tr. dor. *Figures gravées en bois.*
Bel exemplaire.

205. **Viollet-le-Duc**. Dictionnaire raisonné de l'architecture française, du xiᵉ au xviᵉ siècle. *Paris, Bance,* 1854; 5 vol. gr. in-8 br. *Figures dans le texte.*

206. **Vitet**. L'Académie royale de peinture et de sculpture, étude historique. *Paris, 1861;* in 8, cart. à la Bradel.

207. **Vitruve**. Architectura, libri X, cum comment. D. Barbari. *Venetiis,* 1567; in-fol., vél. *Planches gravées en bois.*

208. **Vitruve**. Vitruvii Pollionis de architectura, libri X. *Roma,* 1586; in-4, cart. *Figures en bois.*

209. **Vitruve**. Les six livres d'architecture, corrigez et traduits par Perrault. *Paris, Coignard,* 1684; in-fol.. v. br. *Figures.*

210. **Vitruve**. L'Architettura di M. Vitruvio Pollione. *Napoli,* 1758; in-fol., d.-rel. parch., n. rog. *Planches.*

211. **Vues de Rome et de Venise**, gravées d'après Vasi, Falda, Montagu, Carle, Variis, etc. In-4 obl. d.-rel.

212. **Winkelmann**. Histoire de l'art chez les Anciens, 3 vol. — Découvertes faites à Herculanum, 1 vol. — Architecture des Anciens, 1 vol. — Recueil sur les arts, 1 vol. *Paris,* 1789; ens. 6 vol. in-8, br.

213. **Zabaglia** (N.). Castelli e ponti con ingegnose pratiche e con la descrizione del trasporto dell'obelisco Vaticano, del dom. Fontana. *Romæ,* 1743; gr. in-fol., d.-rel.; v. *Planches.*

TABLEAUX

DELACROIX (Attribué à M.)

214 — Bataille entre les armées républicaine et
vendéenne. *Esquisse.*

PICOT (M.)

215 — Sujet allégorique. Esquisse du tableau fait
pour l'Hôtel de Ville.

216 — Portrait de M. Percier.

DESSINS

GRANET

217 — Intérieurs de Cloître. Deux dessins à la
sépia.

INGRES (M.)

218 — Portrait de M. Caristie, signé et daté. A la
mine de plomb.

PERCIER

219 — Intérieur d'un Palais en Italie. A l'aquarelle.

NICOLLE

220 — Vue de la Colonne Trajane et l'Église de Sainte-Marie-de-Lorette. A l'aquarelle.

221 — Vue intérieure de l'Église de San-Stefano, à Venise. A l'aquarelle.

222 — Vue du Pont Rotto sur le Tibre. — Vue de la Fontaine Pauline sur le Mont-Janicule. Deux dessins à l'aquarelle, faisant pendant:

223 — Vues prises en Italie. Ruines d'Arcs-de-Triomphe. Deux dessins à l'aquarelle.

224 — Vue de la Colonnade du Louvre. A l'aquarelle. —

225 — Fresque représentant au milieu : Un Sacrifice. Peinte à la gouache, d'après une peinture d'Herculanum.

GRAVURES

DESNOYERS (B.)

226 — La Vierge à la chaise, d'après Raphaël. Ancienne épreuve.

INGRES (M.)

227 — Portrait de M. Pressigny, dessiné et gravé à l'eau-forte, à Rome, en 1816.

MERCURY (P.)

228 — Les Moissonneurs. *Épreuve sur papier de Chine.*

229 — Portraits d'architectes et peintres, dont ceux de MM. Ingres, Leclère, Drolling, Dumont et autres.

230 — Portraits d'architectes, peintres et graveurs, dont ceux de Percier, Fontaine, etc. Dix pièces encadrées.

231 — Études d'ornements de sculpture et d'architecture, par Plantier et J. Peyre. Trente-six planches.

232 — *Sous ce numéro sera vendu* UN GRAND NOMBRE DE TABLEAUX, DESSINS, GRAVURES ET OBJETS D'ATELIER.

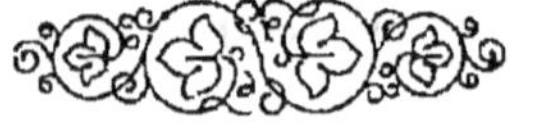

RENOU et MAULDE, imprimeurs de la Compagnie-des Commissaires-Priseurs,
rue de Rivoli, 144.　　　19225